# La familia

## Fiona Undrill

Heinemann
LIBRARY

Family

## H www.heinemann.co.uk/library

Visit our website to find out more information about Heinemann Library books.

To order:
☎ Phone 44 (0) 1865 888066
Send a fax to 44 (0) 1865 314091
📠 Visit the Heinemann Bookshop at www.heinemann.co.uk/library to browse our
💻 catalogue and order online.

First published in Great Britain by Heinemann Library, Halley Court, Jordan Hill, Oxford OX2 8EJ, part of Pearson Education. Heinemann is a registered trademark of Pearson Education Ltd.

© Pearson Education Ltd 2008
First published in paperback in 2008
The moral right of the proprietor has been asserted.

Editorial: Charlotte Guillain
Design: Joanna Hinton-Malivoire
Picture research: Ruth Blair
Production: Duncan Gilbert

Translation into Spanish produced by DoubleO Publishing Services
Printed and bound in China by Leo Paper Group.

ISBN 9780431990323 (hardback)
12 11 10 09 08
10 9 8 7 6 5 4 3 2 1

ISBN 9780431990422 (paperback)
12 11 10 09 08
10 9 8 7 6 5 4 3 2 1

### British Library Cataloguing in Publication Data

La familia = Family. - (Spanish readers)
1. Spanish language - Readers - Family 2. Family - Juvenile literature 3. Vocabulary - Juvenile literature
I. Title
468.6'421
A full catalogue record for this book is available from the British Library.

### Acknowledgements

The publishers would like to thank the following for permission to reproduce photographs:
© Corbis p. **12** (Richard Lewis/epa); © Getty Images p. **8** (Matthew Lewis/Stringer); © PA Photos pp. **11**, **19**; © Rex Features pp. **3**, **4** (Simon Roberts), **4**, **7** (Richard Young), **16** (David Fisher), **6**, **15**

Cover photograph reproduced with permission of © Robert Harding (Bananstock).

Every effort has been made to contact copyright holders of any material reproduced in this book. Any omissions will be rectified in subsequent printings if notice is given to the publishers.

# Contenido

Try to read the question and choose an answer on your own.

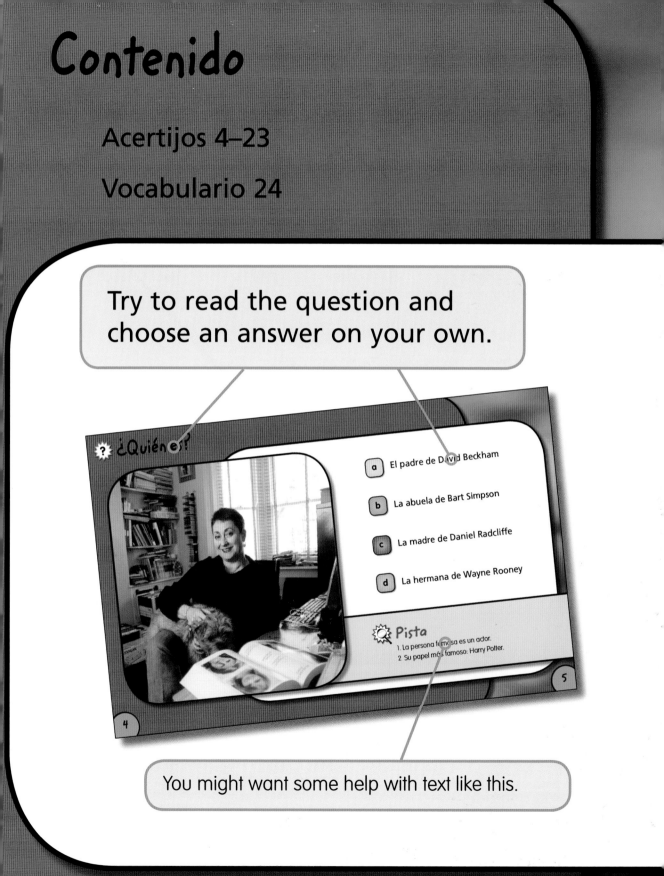

¿Quién es?

a El padre de David Beckham

b La abuela de Bart Simpson

c La madre de Daniel Radcliffe

d La hermana de Wayne Rooney

Pista
1. La persona famosa es un actor.
2. Su papel más famoso: Harry Potter.

You might want some help with text like this.

El padre de David Beckham

 La abuela de Bart Simpson

 La madre de Daniel Radcliffe

 La hermana de Wayne Rooney

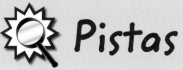 Pistas

1. La persona famosa es un actor.
2. Su papel más famoso: Harry Potter.

# Respuesta

**c** La madre de Daniel Radcliffe

## Daniel Radcliffe

- Fecha de nacimiento: 23 de julio de 1989

- Altura: 1,70 m

- Familia: hijo único

- Famoso por ser: actor (Harry Potter)

- Hecho interesante: Es el adolescente más rico del Reino Unido.

# ¿Quién es?

**a** El hermano de Andy Murray

 **b** El tío de Madonna

 **c** El abuelo de Robbie Williams

**d** El padre del príncipe Guillermo

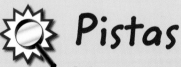 **Pistas**

1. La persona famosa es un jugador de tenis.
2. Es escocés.

# ✓ Respuesta

**a**    El hermano de Andy Murray

## Andy Murray

- Fecha de nacimiento: 15 de mayo de 1987

- Altura: 1,87 m

- Familia: un hermano

- Famoso por ser: jugador de tenis escocés

- Hecho interesante: Su deporte preferido: boxeo

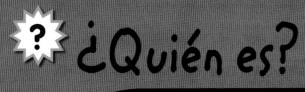

# ¿Quién es?

El abuelo de Winston Churchill

 La tía del príncipe Carlos

 La hermana de Cat Deeley

 La abuela del príncipe Guillermo

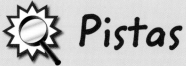 **Pistas**

1. El príncipe Carlos es el padre de esta persona famosa.
2. El hermano de esta persona se llama Harry.

13

# Respuesta

**d** La abuela del príncipe Guillermo

## Príncipe Guillermo

- Fecha de nacimiento: 21 de junio de 1982

- Altura: 1,90 m

- Familia: un hermano

- Famoso por ser: el futuro rey del Reino Unido

- Hecho interesante: Es aficionado del Aston Villa Football Club.

**a**    El hermano de Eddie Murphy

**b**    La madre de Johnny Depp

**c**    La tía de Elvis Presley

**d**    La hermana de Kylie Minogue

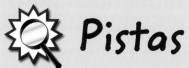 ## Pistas

1. La persona de la imagen se llama Danni.
2. La persona famosa es una cantante australiana.

## ✓ Respuesta

**d** La hermana de Kylie Minogue

## Kylie Minogue

- Fecha de nacimiento: 28 de mayo de 1968

- Altura: 1,52 m

- Familia: una hermana, un hermano

- Famosa por ser: cantante

- Hecho interesante: Comenzó como actriz en varias telenovelas, por ejemplo, en *Neighbours* (Vecinos).

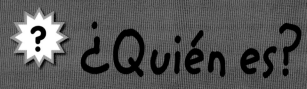

**a** La madre de David Tennant

 **b** El padre de Billie Piper

 **c** El hermano de Britney Spears

**d** El tío de Tom Cruise

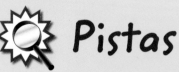 **Pistas**

1. La persona famosa es una actriz.
2. Su papel más famoso: Rose Tyler en Dr Who.

**b**    El padre de Billie Piper

# Billie Piper

- Fecha de nacimiento: 22 de septiembre de 1982

- Altura: 1,65 m

- Familia: un hermano, dos hermanas

- Famosa por ser: actriz (Rose Tyler, en Dr Who)

- Hecho interesante: En 1998 logró el mayor éxito musical con *Because we want to* (Porque queremos).

# Vocabulario

**español** inglés página

**una abuela** grandmother 5, 13, 14

**un abuelo** grandfather 9, 13

**un acertijo** puzzle 3

**un actor/una actriz** actor 5, 6, 18, 21, 23

**un adolescente** teenager 6

**aficionado** fan 14

**la altura** height 6, 10, 14, 18, 23

**australiano(a)** Australian 17, 18

**el boxeo** boxing 10

**un(a) cantante** singer 17, 18

**como** as 6, 10, 14, 18, 23

**el contenido** contents 3

**de** of 5, 6, 9, 10, 13, 14, 17, 18, 21, 22

**deporte** sport 10

**dos** two 23

**en** in 17, 21, 23

**escocés(a)** Scottish 9, 10

**el éxito musical** charts 23

**la familia** family 1, 6, 10, 14, 18, 23

**famoso** famous 5, 6, 9, 10, 13, 14, 17, 18, 21, 23

**fecha de nacimiento** born 6, 10, 14, 23

**futuro** future 14

**un hecho interesante** interesting fact 6, 10, 14, 18, 23

**una hermana** sister 5, 13, 17, 18, 23

**un hermano** brother 9, 10, 13, 14, 17, 18, 21, 23

**un hijo único** only child 6

**una imagen** picture 17

**un jugador de tenis/ tenista** tennis player 9, 10

**julio** July 6

**junio** June 14

**llamado/a** to be called 13, 17

**una madre** mother 5, 6, 17, 21

**más** most 5, 6, 21

**mayo** May 10, 18

**un padre** father 5, 9, 13, 21, 22

**un papel** role 5, 18

**una persona** person 5, 9, 13, 17, 21

**una pista** clue 5, 9, 13

**por ejemplo** for example 18

**preferido(a)** favourite 10

**¿Quién es?** Who is it? 4, 8, 12, 16, 20

**el Reino Unido** the United Kingdom 6

**la respuesta** answer 6, 10, 14, 18, 22

**un rey** king 14

**rico** rich 6

**septiembre** September 23

**telenovela** television series 18

**una tía** aunt 13, 17

**un tío** uncle 9, 21

**el vocabulario** vocabulary 3, 24